dix-neuf fables
de renard

Castor Poche
Collection animée par
François Faucher et Martine Lang

Une production de l'Atelier du Père Castor

JEAN MUZI

dix-neuf fables de renard

illustrations de
GÉRARD FRANQUIN

Castor Poche Flammarion

Jean Muzi, l'auteur, est né à Casablanca. Après une enfance marocaine, il fait des études de lettres et d'arts plastiques à Paris. Grand voyageur, il a passé la moitié de sa vie à l'étranger. Il est aujourd'hui cinéaste et habite près de Paris. Il aime raconter des fables et des contes qu'il a amassés à travers ses différents voyages, et aussi les écrire pour que d'autres puissent les raconter à leur tour...

Du même auteur :
Contes du monde arabe n° 70
Dix-neuf fables du Roi Lion n° 90
Contes des rives du Niger n° 145
Dix-neuf fables du méchant loup n° 192
Dix-neuf fables d'oiseaux n° 287
Dix-neuf fables de singe n° 390

Gérard Franquin partage son temps entre l'illustration, la peinture et son travail de maquettiste à l'Atelier du Père Castor.

Gérard a illustré de nombreux albums du Père Castor et neuf romans de la collection Castor Poche.

Dix-neuf fables de renard

Dans ces dix-neuf fables empruntées à la littérature populaire d'Afrique, d'Asie ou d'Europe, Renard est toujours perfide, fin, rusé et subtil dans ses rapports avec les autres animaux. Il berne presque toujours ses voisins mais il lui arrive parfois d'être pris à son propre piège...

Avant-propos

Si la fable se retrouve en tous lieux et en tous pays, il faut souligner qu'elle met souvent Renard en scène. Héros universel, Renard possède l'art de se tirer d'embarras et d'obtenir habilement tout ce qu'il désire. Madré, parfois retors, il déploie une grande ingéniosité pour jouer de mauvais tours tant aux hommes qu'à ses semblables qu'il parvient toujours à flouer grâce à sa ruse légendaire.

Perfide, fin, subtil et matois pour La Fontaine, qui le dit aussi maître en fait de tromperie, Renard est qualifié par d'autres auteurs de « maître ès ruses », de « sac à malices » ou de « rouquin rusé ». Quels que soient les qualificatifs dont il est affublé, Renard demeure un héros populaire et ses aventures réjouissent depuis toujours enfants et adultes.

Empruntées à la littérature populaire arabe, persane ou turque, à celle de l'Afrique ou de l'Europe, à Esope, à La Fontaine ou encore au Roman de Renart, *souvent adaptées, les dix-neuf fables que contient cet ouvrage sont pour certaines très connues. Moralistes, mais non moralisantes, elles comportent en elles-mêmes les leçons qu'elles veulent donner.*

Jean Muzi

1. Le premier forfait de Renard

D'après le *Roman de Renart. FRANCE*

Un jour, Renard, le corps couvert de furoncles, se rendit chez son voisin le Loup.

– Que t'arrive-t-il? demanda ce dernier.

– Je suis malade, gémit Renard, et

je viens te demander quelques médicaments.

– As-tu mangé, au moins?

– Non, répondit tristement Renard.

– Louve! dit le Loup en se retournant vers son épouse, cuisine donc quelque chose pour notre voisin et donne-lui de quoi se soigner.

Tout en gardant le silence, Renard songea que le Loup devait posséder quelques jambons délicieux, car son odorat développé lui indiquait la présence de charcuterie. C'est alors qu'il aperçut trois jambons pendus à une poutre.

– Celui qui les a accrochés là est un fou! s'exclama-t-il. Ah! cher ami! En voyant tes jambons là-haut, tes visiteurs risquent d'en vouloir un morceau! Décroche-les vite, cache-les et, si on t'interroge à

leur sujet, déclare qu'on te les a volés.

– Ne t'inquiète pas! répondit le Loup. Celui qui en connaîtra l'existence n'en mangera pas pour autant, crois-moi!

– Il te sera difficile de refuser d'en offrir à celui qui t'en demandera, répliqua Renard.

– Je n'en donnerai à personne.

Le Loup réservait les jambons à sa consommation personnelle et à celle de sa femme. Aussi, Renard ne fut pas invité à y goûter.

Il laissa passer quelques jours et revint une nuit alors que le Loup dormait profondément. Il écarta les tuiles de la toiture, juste au-dessus de la poutre, et décrocha les jambons qu'il emporta.

A son réveil, le lendemain matin, le Loup constata le trou dans le toit de sa demeure et la disparition de ses trois jambons.

– Louve! hurla-t-il, on nous a volés!

– Quelle perte pour nous! se lamenta celle-ci. Qui a pu ainsi commettre ce forfait?

L'après-midi même, Renard, dont les furoncles commençaient à disparaître, se rendit à nouveau chez le Loup. Il remercia la Louve pour le remède efficace qu'elle lui avait donné et constata, comme il l'avait prévu, que le Loup faisait triste mine.

– Qu'as-tu donc, cher ami? Tu sembles irrité.

– Il y a de quoi, Renard, car on m'a volé mes jambons.

– Tu as bien raison de déclarer, comme je te l'avais conseillé, qu'on te les a volés. Ainsi, parents et amis ne t'en demanderont plus.

– Détrompe-toi, Renard, on me les a vraiment volés. Je te dis la vérité.

– Mieux vaut entendre cela que d'être sourd, déclara Renard. Tu as raison de les cacher.

– Pourquoi refuses-tu de me croire, Renard?

– Tu n'en démordras pas, cher ami!

– Renard! intervint la Louve, aurais-tu perdu la tête? Si nos jambons n'avaient été volés, nous ne prétendrions pas le contraire.

– Je sais que tu es rusée, rétorqua Renard. Mais je vois que la toiture est trouée. Dis-moi si c'était pour retirer les jambons.

– Oui! C'est ce qui s'est passé!

– Voilà! C'est ainsi qu'il fallait répondre, dit Renard d'un air entendu.

– Je n'ai guère envie de rire, reprit

la Louve. Je suis très contrariée que nos jambons aient été volés. Cela représente une grosse perte pour nous.

Renard n'insista pas. Il les laissa se lamenter et repartit fort satisfait qu'ils ne l'aient pas soupçonné.

Tel fut son premier forfait, alors qu'il n'était encore qu'adolescent. Il devint par la suite si rusé qu'il en commit bien d'autres.

2. Renard et le coq

PERSE

Le Coq et le Chien voyageaient ensemble. Ils avaient traversé des montagnes et des rivières, et ils se trouvaient un jour dans une forêt quand la nuit les surprit.

Le Coq se percha sur un chêne,

tandis que le Chien s'abritait au creux de l'arbre pour faire le guet. Lorsque le jour se leva, le Coq chanta. Dès qu'il l'eut entendu, Renard accourut et se posta au pied de l'arbre.

– Quelle voix merveilleuse! s'écria Renard. Que fais-tu donc ainsi perché sur ce chêne?

– Je suis en voyage, répondit le Coq. La nuit m'ayant surpris, j'ai dû dormir dans cette forêt.

– Quelle heureuse coïncidence! reprit Renard. Je suis moi aussi en voyage. Nous pourrions faire route ensemble! Descends de ton perchoir et partons avant que le soleil ne soit trop chaud.

Le Coq comprit vite que Renard cherchait à le tromper et qu'il n'avait qu'une seule préoccupation : le dévorer.

– Si tu n'y vois pas d'inconvénient,

dit le Coq, nous voyagerons à trois, car je suis accompagné d'un ami.
– Cela ne me dérange pas! s'exclama Renard, pensant qu'il s'agissait d'un autre volatile. Mais où est ton ami?
– Il n'est pas loin, répondit le Coq. Regarde au creux de l'arbre.

Renard s'approcha et jeta un coup d'œil. Il aperçut le Chien qui, fatigué par une longue nuit de garde, s'était assoupi. Renard eut un mouvement de recul.
– Ton ami semble fatigué, bégaya-t-il. Laisse-le se reposer encore un peu. Quant à moi, je suis pressé et préfère partir sans attendre.

Il s'éclipsa alors sans bruit, de peur de réveiller le Chien et d'avoir à l'affronter.

3. Renard et les deux marchands

D'après le *Roman de Renart. FRANCE*

C'était l'époque où la douce saison d'été prend fin pour laisser place à l'hiver. Comme il n'avait plus rien à manger, Renard décida de se mettre en quête de nourriture.

Pour éviter de se faire repérer, il se déplaçait avec mille précautions à la lisière de la forêt et parmi les joncs qui bordaient un étang. Il arriva ainsi près d'un chemin empierré où il se tapit. La faim le tenaillait et il se demandait comment il allait pouvoir l'assouvir.

Il commença alors à faire le guet. Au bout d'un moment, apparurent au loin deux marchands convoyant un chargement de poissons. Leur charrette était pleine de harengs frais et d'anguilles. Rapidement, Renard s'allongea au milieu du chemin et fit le mort. Yeux fermés, babines retroussées, il retint sa respiration, tandis qu'approchaient les deux marchands. Le premier qui l'aperçut s'écria à l'adresse de son compagnon :

– Regarde! Un Renard!

– Arrêtons-nous, dit le second.

Ils se précipitèrent sur Renard et le saisirent. Ils le retournèrent longuement dans tous les sens afin d'évaluer sa peau, puis le jetèrent à l'arrière de leur charrette. Heureux, ils reprirent leur route en se promettant d'arracher le soir même sa peau à l'animal.

Allongé sur les paniers, Renard ne s'émouvait guère de leurs propos, car ce n'étaient là que paroles. Il attendit un moment, puis sans bruit dévora plus de trente harengs, avant de s'attaquer à un autre panier où il plongea son museau pour en extraire plusieurs chapelets d'anguilles. Comme il était rusé, il les mit autour de son cou et sauta sans plus attendre de la charrette. Une fois à terre, il interpella les deux marchands.

– Merci de m'avoir restauré, leur dit-il. Je suis bien servi en anguilles. Gardez le reste!

Les deux marchands n'en croyaient pas leurs oreilles et se lamentaient tout en soupesant leurs paniers.

– Nous faisons une belle paire d'imbéciles! s'exclamèrent-ils. Nous aurions dû nous méfier. Cet animal a vidé nos paniers. Puissent nos anguilles lui rester en travers de la gorge et l'étouffer.

– Vous pouvez toujours parler, répliqua Renard, je ne perdrai pas mon temps à vous répondre.

Furieux, les deux marchands sautèrent de leur charrette et se précipitèrent à la poursuite de Renard.

Mais celui-ci eut tôt fait de leur échapper et de regagner son logis où l'attendaient les siens. Son épouse écorcha rapidement les anguilles, les coupa en tranches, en fit des brochettes et tout le monde se régala.

4. Renard et la panthère

GABON

Renard chassait dans la forêt lorsqu'il tomba nez à nez avec la Panthère.

– Que fais-tu donc sur mon territoire? demanda-t-elle.

– C'est simple, répondit Renard. Je

suis venu ici pour que tu me manges.

La Panthère trouva la réponse fort drôle et déclara :

– Tu as de l'humour! Aussi vais-je te donner une chance de t'en tirer. Tu auras la vie sauve si tu peux me dire deux vérités vraies.

– Rien de plus simple, dit Renard. Voici la première : tu n'as pas très faim aujourd'hui, sinon tu m'aurais mangé sans attendre.

– Exact! répondit-elle.

– Voici maintenant la seconde vérité vraie : nul ne me croira si je raconte que j'ai rencontré la Panthère et qu'elle ne m'a pas mangé.

– Cela aussi est exact, déclara la Panthère. Va! et que je ne te reprenne plus dans les parages.

5. Renard et la queue du loup

D'après le *Roman de Renart. FRANCE*

Le Loup errait depuis le matin à la recherche de nourriture, quand il arriva sur un terrain défriché qui menait droit à la nouvelle demeure de Renard. Sentant une odeur fort alléchante, il s'approcha. Il regarda par une fenêtre pour voir ce qui se passait à l'intérieur et se pourlécha les babines en apercevant la nourriture qui grillait. Il cogna à la porte, insista, mais personne ne lui ouvrit.

Il s'assit alors sur une grosse souche, sa faim continuant à lui déchirer les entrailles. Et il attendit. Au bout d'un moment, il décida d'appeler.

– Renard! mon ami, dit-il, ouvre-moi, car je t'apporte de bonnes nouvelles.

Bien que reconnaissant sa voix, Renard fit la sourde oreille.

– Ouvre, insista le Loup.

– Qui est là? finit par interroger Renard.

– Moi! répondit l'autre.

– Qui donc?

– Ton ami le Loup.

– Nous craignions que ce ne fût un voleur, reprit Renard.

– Non, te dis-je, c'est moi! Laisse-moi entrer!

– Attends, dit Renard, je ne pourrai t'ouvrir que lorsque les moines, qui viennent de passer à table, auront terminé leur déjeuner.

– De quels moines s'agit-il? interrogea le Loup avec surprise.

– De moines appartenant à la Communauté dans laquelle je viens d'entrer, rétorqua Renard.

– Tu te moques de moi!

– Pas du tout! Crois-moi.

– Alors, accepte-moi en tant qu'hôte, dit le Loup.

– C'est inutile, tu n'aurais rien à manger.

– Pourquoi? N'as-tu donc aucune réserve?

– Ma foi, oui! répondit Renard. Mais ne serais-tu ici que dans le but de mendier?

– Non, je désire simplement savoir comment tu vas.
– Ce n'est pas le moment, dit Renard.
– Mais n'étais-tu pas en train de manger de la viande? demanda le Loup.
– Tu plaisantes!
– De quoi se nourrissent donc les moines?
– Ils mangent du fromage frais et de gros poissons, selon les commandements de saint Benoît.
– Je l'ignorais. Mais accorde-moi l'hospitalité.
– Il ne saurait en être question, reprit Renard. Nul, s'il n'est moine ou ermite, ne peut loger ici. Passe ton chemin. Je ne t'ai que trop entendu!

A ces mots, le Loup comprit qu'il ne parviendrait pas à entrer. Il était prêt à se résigner lorsqu'il demanda encore :

– Le poisson, est-ce un mets qui a bon goût? Donne-m'en un morceau pour que je puisse y goûter.

Alors, Renard alla chercher un morceau de poisson.

– Prends ce poisson, dit-il au Loup, de la part de ceux qui espèrent que tu deviendras moine un jour.

– Pourquoi pas? répondit le Loup en saisissant le morceau de poisson dont il ne fit qu'une bouchée.

– Est-ce que tu l'apprécies? demanda Renard.

– Oui! s'exclama le Loup. Mais donne-m'en encore afin de m'inciter à entrer dans cet Ordre.

– Si tu acceptais d'être des nôtres, dit Renard non sans arrière-pensée, tu deviendrais vite notre Supérieur, car tous les moines t'éliraient.

– Tu plaisantes! reprit le Loup.
– Non, cher ami!
– Disposerai-je d'assez de poisson pour assouvir ma faim? demanda le Loup avec intérêt.
– Autant que tu souhaiteras en manger. Mais tu dois commencer par te faire tonsurer.

Le Loup protesta un peu lorsqu'il entendit parler de tonsure, mais il finit par se laisser convaincre.
– Je suis prêt, dit-il enfin à Renard.

Celui-ci mit alors de l'eau à bouillir. Puis il demanda au Loup de passer la tête par le guichet de la porte. Le naïf s'exécuta et Renard lui versa l'eau bouillante sur le crâne. Hurlant de douleur, le pauvre Loup recula.
– Tu voulais me tuer, Renard! protesta-t-il. Tu m'as fait une tonsure beaucoup trop large.

– Tu n'es pas le seul à en porter une, dit Renard en retenant son rire. C'est le cas de tout notre couvent.
– Je suis persuadé que tu mens.
– Pas du tout, déclara Renard. Mais je dois te dire que ta première nuit doit être une nuit d'épreuve, comme l'exige la sainte règle de notre Ordre.
– Tu n'as pas à douter de moi, dit le Loup, je me soumettrai à l'usage.

Après avoir fait promettre au Loup de ne pas lui faire le moindre mal et de lui obéir, Renard sortit pour le rejoindre. Le malheureux Loup n'avait plus un poil sur la tête et ses brûlures le faisaient atrocement souffrir.
– Suis-moi, lui dit Renard. Tu dois commencer ton épreuve sans attendre, car la nuit tombe.

Il conduisit le Loup près d'un étang où celui-ci devait passer toute la nuit. L'étang était gelé et il y avait un trou dans la glace, fait par les paysans pour abreuver leur bétail. Ils avaient laissé là un seau pour tirer l'eau.

– L'épreuve à laquelle il faut te soumettre, déclara Renard, est très simple. Tu dois pêcher un maximum de poissons à l'aide de ce seau.

– Attache-le-moi à la queue, dit le Loup.

Sans attendre, Renard noua solidement le seau à la queue du Loup et lui conseilla de ne pas bouger afin de ne pas risquer d'effrayer les poissons. Le Loup s'assit sur la glace et plongea la queue dans l'eau froide. Très vite le seau se remplit de glaçons. Puis l'eau commença à geler et la queue fut prise dans la glace.

Au petit jour, le Loup tenta de tirer le seau, mais ses efforts furent vains. Inquiet, il appela Renard, car il commençait à faire clair.

– Il est temps de rentrer, frère, répondit Renard. Tu as pris suffisamment de poissons.

– Hélas! se plaignit le Loup, j'en ai beaucoup trop pris et je ne parviens plus à retirer le seau de l'eau.

– Tu t'es montré trop gourmand, dit Renard en ricanant.

Il prit alors la fuite, abandonnant le Loup à son triste sort. Le soleil rougissait à l'horizon, et le châtelain, dont les terres bordaient l'étang, se préparait à partir à la chasse quand un de ses valets aperçut le Loup bloqué par la glace.

– Au loup! Au loup! hurla-t-il.

A ces cris, les chasseurs accouru-

rent et firent lâcher les chiens qui se précipitèrent sur le Loup. Le malheureux, le poil hérissé, se défendit tant bien que mal contre ses agresseurs.

Voyant que les chiens ne parvenaient pas à avoir le dessus, le châtelain finit par tirer son épée et s'approcha du Loup pour le frapper. Mais il manqua son coup, glissa et tomba à la renverse sur la glace. Il se releva, non sans mal, le crâne tuméfié, et attaqua à nouveau. Il visa la tête du Loup mais il glissa une seconde fois. Son épée dévia et vint frapper la queue du Loup qù'elle coupa net au ras des fesses. Sans attendre, le Loup prit la fuite, et il se désespère encore d'avoir perdu sa queue dans cette malheureuse aventure.

6. Renard et la mésange

D'après le *Roman de Renart. FRANCE*

Un matin, Renard aperçut une Mésange perchée sur un grand chêne où elle avait construit son nid.

– Bonjour, chère amie, dit Renard. Descends donc de ton perchoir

pour que nous nous embrassions.
– Il ne saurait en être question, répondit la Mésange. Je refuse d'être ton amie, car tu n'es qu'un brigand de grand chemin. Tu es l'auteur de tant de mauvais coups qu'il n'est pas possible de te faire confiance.
– Je ne songe plus à mal, crois-moi, depuis que notre souverain le Lion a imposé la paix sur toute l'étendue de son royaume. Il a fait promettre à ses vassaux de la respecter et de veiller à son maintien. Cela devrait te réjouir. Désormais règne la tranquillité et nous n'assisterons plus à ces disputes, à ces guerres fratricides, à ces procès qui étaient jusqu'ici quotidiens. Tout le monde peut vivre en paix!
– Je ne puis te croire, Renard. N'insiste pas, car je ne descendrai

pas de ma branche pour t'embrasser.

– Puisque tu n'as pas confiance, dit Renard, je garderai les yeux fermés pendant que nous nous embrasserons.

– J'accepte, dit la Mésange. Ferme donc les yeux!

Renard obéit. Mais la Mésange était méfiante. Elle prit dans son bec une feuille avec laquelle elle chatouilla le museau de Renard. Croyant happer la Mésange, ce dernier ne saisit que la feuille qui s'était accrochée à sa moustache.

– Alors, Renard! s'écria la Mésange. Ne parlais-tu pas de paix? Si je ne m'étais tenue à distance, tu serais passé outre et tu m'aurais croquée. Notre souverain le Lion semble ne pas s'être entouré des garanties nécessaires.

Renard se mit alors à rire.

– Ne crains rien, dit-il. Je voulais simplement te faire peur. Cela est sans importance! Nous pouvons recommencer : je vais à nouveau fermer les yeux.
– Très bien! Mais reste immobile!

Renard ferma les yeux et la Mésange, toujours méfiante, se contenta de lui frôler le museau. Il donna un coup de dents pour la saisir, mais en vain.
– Je ne te ferai plus jamais confiance, dit la Mésange. Comment ai-je pu être aussi sotte?
– Ta crainte n'est pas fondée, déclara Renard. Je voulais simplement te mettre à l'épreuve et n'avais pas de mauvaises intentions. Reviens donc! Ne crains rien!

Mais la Mésange, qui n'était pas stupide, préféra faire la sourde oreille. Alors que Renard poursuivait son discours, des chasseurs, accompagnés de chiens, firent leur apparition. Inquiet, Renard décida de prendre la fuite.

– La paix dont tu parlais, serait-elle déjà rompue, Renard? ironisa la Mésange.

– Tout le monde n'est pas encore au courant, répondit-il avec aplomb. Les jeunes chiens qui arrivent ignorent le serment de paix fait par leurs pères, car ils étaient trop petits lors de la cérémonie.

– Tu me sembles bien soupçonneux, Renard! Je ne crois pas qu'ils enfreindront le serment de leurs pères. Mais attends! Ne pars pas si vite! J'accepte que nous nous embrassions.

– Le moment est vraiment mal choisi! cria Renard. Nous verrons plus tard!

– Mais le Lion n'a-t-il pas imposé

la paix? interrogea la Mésange.

Sans prendre le temps de répondre, Renard prit rapidement la fuite par des chemins qu'il connaissait bien et réussit à échapper aux chiens qui le poursuivaient.

7. Renard, le chacal et le chameau

PERSE

Jadis, Renard s'était lié d'amitié avec le Chacal et le Chameau. Ils voyageaient ensemble et n'avaient emporté pour toutes provisions qu'une galette de blé. Après avoir longuement marché, ils s'assirent au bord de l'eau. Le voyage les avait fatigués et tous trois étaient affamés.

La galette étant trop petite pour être partagée, ils commencèrent à se disputer. Après de longues palabres, ils décidèrent qu'elle reviendrait au plus âgé d'entre eux.

– J'ai bientôt cent ans, déclara le Chacal. Nul ne peut le contester.

– Nous te faisons confiance, répondirent les deux autres.

– Et toi? interrogea Renard en se tournant vers le Chameau.

– Ma mère m'a donné naissance sept jours avant la création du monde, répondit-il.

– C'est impossible! s'exclama le Chacal.

– Détrompe-toi, dit Renard. Cette nuit-là, j'étais auprès de sa mère et je l'aidais à mettre bas.

La galette revint à Renard qui l'avala sans attendre.

8. Renard et la brebis

MAGHREB

La Lionne souffrait d'une maladie la contraignant à garder le lit. Cela contrariait fort le roi des animaux qui décida un jour de convoquer tous ses sujets.

– Mon épouse est malade, leur dit

le Lion, et je souhaite que vous me veniez en aide pour la soigner.

Chaque animal proposa un remède plus ou moins magique, mais aucun ne satisfit le Lion. Survint alors Renard. Dès qu'elle l'eut aperçu, la Brebis, qui souhaitait depuis longtemps se venger de lui, demanda la parole.

– Je t'écoute, dit le Lion.

– Sire! dit-elle, le sang de Renard est un remède très efficace!

Le Lion jeta un regard sur Renard qui conservait son calme.

– C'est exact, ô roi des animaux! déclara Renard, mais pour être vraiment efficace, mon sang doit être mélangé à la cervelle de la Brebis.

Tandis que la Brebis protestait avec véhémence, le Lion s'approcha d'elle et d'un violent coup de patte lui brisa la nuque. Sans atten-

dre, Renard s'entailla légèrement une patte d'où perlèrent quelques gouttes de sang. Le Lion mélangea sang et cervelle et fabriqua le médicament destiné à son épouse.

Renard était sauf et il le devait à sa ruse.

9. Renard et le corbeau

D'après le *Roman de Renart. FRANCE*

Renard découvrit un jour, coulant entre deux collines verdoyantes, un ruisseau près duquel poussait un saule pleureur. L'endroit était agréable et peu fréquenté. L'herbe y était fraîche et épaisse.

Aussi Renard décida-t-il de s'installer à l'ombre de cet arbre. Il gambada quelques instants autour du tronc, s'étira, bâilla en songeant que l'endroit serait paradisiaque s'il pouvait y trouver de la nourriture, et il s'allongea dans l'herbe.

Durant ce temps, le Corbeau, qui n'avait rien mangé depuis deux jours, ne pensait guère au repos. Il volait à tire-d'aile vers une ferme où il savait pouvoir trouver de quoi se restaurer. Soudain, il aperçut plusieurs centaines de fromages qui séchaient au soleil. L'enfant chargé de les garder s'étant absenté quelques instants, le Corbeau en profita pour en subtiliser un. Puis il s'en retourna heureux et vint se poser sur l'arbre au pied duquel se reposait Renard.

Le Corbeau commença alors à entamer son fromage à grands

coups de bec. Un petit morceau de croûte vint à tomber au sol, juste devant Renard. Celui-ci comprit immédiatement de quoi il s'agissait. Il se mit debout sans attendre et scruta le feuillage de l'arbre. Il ne tarda pas à apercevoir le Corbeau perché sur la plus haute branche, un fromage entre les griffes de ses pattes.

– Est-ce toi, cher ami? interrogea Renard. Paix à ton père qui chantait si bien et qui se vantait d'être le meilleur chanteur de la forêt. Tu possédais des dons comparables aux siens. Pratiques-tu toujours le chant? Fais-moi plaisir en m'interprétant quelque chose.

A ces flatteuses paroles, le Corbeau entrouvrit son bec d'où ne sortirent que braillements.

– C'est merveilleux! s'exclama Renard. Ta voix est aussi belle que celle de ton père. Mais continue donc!

Le Corbeau poursuivit ses braillements sans s'apercevoir que les griffes de ses pattes se desserraient, et il finit par laisser tomber le fromage. Renard brûlait d'envie de le manger, mais il fut assez rusé pour s'abstenir d'y toucher, car il souhaitait aussi dévorer le Corbeau. Il se leva et s'éloigna du fromage en faisant semblant de boiter.

– Quelle odeur! fit-il. Ce fromage sent vraiment très fort! Cela m'inquiète, car c'est mauvais pour ma blessure à la patte.

– Que t'est-il arrivé? demanda le Corbeau.

– Je me suis fait prendre la patte dans un piège, répondit Renard. Saute donc de ton perchoir, cher ami, et viens me délivrer de ce fromage qui n'est pas bon pour ma blessure.

Le ton suppliant de Renard inspira confiance au Corbeau. Il descendit de l'arbre sans penser au danger qu'il courait. Néanmoins, il prit soin de ne pas trop s'approcher de Renard qui s'efforça de le rassurer.

– Ne crains rien, dit Renard. Un estropié comme moi ne peut te faire aucun mal.

Naïf, le Corbeau le crut et s'approcha. Renard bondit alors. Mais dans sa hâte, il avait mal calculé son coup. Il rata sa proie et seules quelques plumes noires lui restèrent entre les crocs. Le Corbeau se mit rapidement à l'abri sans avoir eu le temps de récupérer le fromage.

– Cochon de rouquin, hypocrite et menteur! hurla-t-il. Tu m'as arraché plusieurs plumes à l'aile droite.

Devant la colère du Corbeau, Renard tenta de se justifier.

– Inutile d'insister, déclara le Corbeau. Tu n'es qu'un traître. Je t'ai fait confiance, car je te voyais boiter. J'aurais dû me méfier. C'est ce que je ferai à l'avenir.

Renard ne répondit pas. Il se consola d'avoir manqué sa proie en dégustant le fromage. Il n'eut à se plaindre que de sa petitesse et se dit, après l'avoir terminé, qu'il n'en avait jamais mangé d'aussi bon.

10. Renard, la vache et le lion

ESPAGNE

Le Lion possédait une Vache. Renard alla rendre visite à cette dernière et l'incita à se révolter. Mais elle ne voulut rien entendre.
– Je trouve dans la forêt tout ce qu'il faut pour me nourrir, déclara-

t-elle, et je donne avec plaisir mon lait au Lion qui me protège.

Renard n'insista pas et il se rendit chez le Lion pour médire de la Vache. Le roi des animaux l'écouta quelques instants avant de l'interrompre.

– Tais-toi! dit-il à Renard. J'apprécie beaucoup la Vache que je considère un peu comme ma mère.

– C'est un fait, Sire, reprit Renard. Mais vous n'êtes plus un bébé pour vous nourrir de lait. Il est inconcevable que le roi des animaux devienne un vulgaire berger se nourrissant de lait et de fromage. Vous avez besoin de viande rouge pour être fort et digne de la position que vous occupez. D'autre part, je dois vous apprendre que la peau de la Vache possède une valeur inestimable.

– Et pourquoi? interrogea le Lion avec surprise.

– Un vieux sage m'a appris qu'on pouvait fabriquer avec cette peau des chaussures merveilleuses. Celui qui les chausse ne court plus, il vole par-dessus buissons, arbres et ravins. Si vous possédiez de telles chaussures, Sire, plus aucune proie ne vous échapperait et la chasse deviendrait pour vous un véritable divertissement.

– Es-tu sûr de ce que tu avances? demanda le Lion.

– Oui, Sire! Aussi devriez-vous sacrifier la Vache sans attendre.

Le Lion hésita et finit par accepter. La Vache fut tuée et Renard se rassasia de viande avant de récupérer la peau qu'il emporta.

Il la sala, la huila et la mit à l'ombre pour qu'elle séchât doucement. Lorsque l'été arriva, il la découpa, choisit les meilleurs morceaux qu'il trempa dans de l'eau pour les ramollir, et il retourna chez le Lion.

– Sire, dit-il, vos chaussures sont prêtes. Je viens pour les ajuster à vos pattes.

– Très bien, répondit le Lion.

Renard entoura chacune des pattes avec le cuir qu'il retailla légèrement et commença à coudre. Il enfonça l'aiguille dans le cuir, puis dans la peau du Lion qui rugit de douleur.

– Calmez-vous, Sire, dit Renard. Vous devez souffrir si vous souhaitez posséder de telles chaussures.

Renard n'était pas habitué à ce travail de cordonnier qui lui coûta plusieurs heures d'effort. Le Lion, quant à lui, souffrit beaucoup en essayant de se plaindre le moins possible.

– Plus les chaussures font mal lors de leur confection, meilleures elles s'avèrent par la suite, répétait sans cesse Renard afin de le calmer.

Lorsqu'il eut terminé, Renard conduisit le Lion au bord d'un ravin et lui demanda de s'étendre sur le dos.

– Sire, ajouta-t-il, gardez vos quatre pattes au soleil, car vos chaussures ne seront efficaces que lorsqu'elles seront bien sèches.

Le Lion accepta et resta tout l'après-midi sous un soleil de plomb. En séchant, le cuir rétrécissait, comprimait ses pattes et le faisait atrocement souffrir. Il subissait l'épreuve, persuadé qu'en échange il aurait le pouvoir de voler. Assis à l'ombre, Renard souriait de loin en l'observant du coin de l'œil. En fin d'après-midi, la chaleur diminuant, il s'approcha du Lion.

– Sire, lui dit-il, vous n'aurez pas souffert en vain. Vous pouvez maintenant sauter dans le vide. Vous volerez comme un oiseau!

Heureux, le Lion se leva, sauta sans hésiter et roula entre les pierres jusqu'au fond du ravin. Renard éclata de rire en le voyant et prit la fuite. Le Lion, le corps tout tuméfié, remonta péniblement et regagna sa demeure, souffrant moins de ses blessures que de s'être laissé duper par Renard.

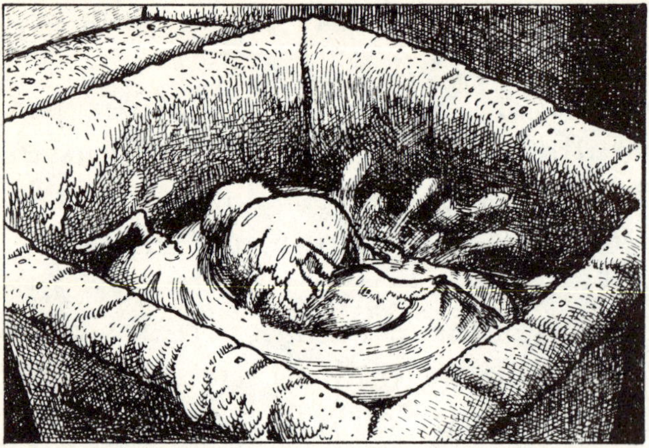

11. Renard change de couleur

D'après le *Roman de Renart. FRANCE*

La tête de Renard avait été mise à prix, mais il ne s'en souciait guère. Ce matin-là, il parcourait la campagne au petit trot quand il eut soudain l'idée de se diriger vers un bourg. Il se retrouva bientôt devant la maison d'un teinturier.

L'artisan venait de délayer de la teinture jaune dans une grande cuve pleine d'eau et il était sorti de la pièce pour aller chercher le tissu qu'il souhaitait teindre. Renard pénétra dans la cour, persuadé de trouver quelque chose pour calmer sa faim. Il monta sur le rebord de la fenêtre qui était ouverte et observa quelques instants. N'apercevant personne dans la pièce, il sauta rapidement à l'intérieur. Dans sa hâte, il ne put éviter la cuve où il atterrit sans le vouloir. La cuve était profonde et Renard dut se débattre pour éviter la noyade.

Sur ces entrefaites, le teinturier revint. Surpris d'entendre du bruit, il approcha de la cuve et aperçut Renard se débattant dans la teinture jaune. Il saisit rapidement un manche à balai et voulut le frapper.

– Epargnez-moi, supplia Renard. Je fais le même métier que vous et peux vous rendre service. J'ai toujours travaillé durement et j'en sais plus que vous. Je suis persuadé que vous ignorez comment mélanger la teinture avec de la cendre. Je vous l'expliquerai si vous ne me frappez pas.

– Tu plaisantes! dit le teinturier. Mais pour quelle raison es-tu entré ici?

– Pour mélanger correctement ce bain, comme on le fait dans ma région. Il est maintenant tel qu'il doit être. Mais aidez-moi à sortir de cette cuve et je vous dirai quelles sont mes intentions.

A ces mots, l'artisan saisit Renard par une patte avec tant de force qu'il faillit la lui arracher. Une fois tiré de la cuve, Renard se tourna vers l'homme.

– Va au diable! lui lança-t-il. Je ne connais vraiment rien à ton métier. J'ai failli me noyer dans cette maudite cuve, mais je m'en suis sorti. Grâce à Dieu, ta teinture tient bon, et ce jaune éclatant qui colore ma fourrure fait de moi un inconnu. Ainsi nul ne me reconnaîtra. Cela m'arrange bien car j'ai de nombreux ennemis.

Sans plus attendre, Renard prit la fuite. Il riait de se voir ainsi transformé.

Arrivé près d'une haie, à la sortie du bourg, il aperçut le Loup. Sa vue l'inquiéta.

« Je ne suis pas de taille à lutter contre lui, pensa-t-il. Mais je ne crois pas qu'il me reconnaîtra, sauf peut-être par ma voix. Aussi vais-je l'aborder en prenant un accent étranger. »

Le Loup fut surpris en voyant Renard et il faillit prendre la fuite, car il n'avait jamais vu un animal portant une telle fourrure.

« Drôle de couleur! songea-t-il. Il ne peut s'agir que d'un étranger. »

– Bonjour, ma seigneur! dit Renard. Moi être perdu. Excusez-moi. Moi pas bien parler langage.

– Dieu vous garde, mon ami! répondit le Loup. De quel pays êtes-vous? Vous ne semblez pas être né en France.

– No, ma seigneur, mais en Great Britain. Moi voyager partout en France et visiter Paris. Joli pays.

– Quel est votre métier?

– I am très bon jongleur. Moi savoir jolis contes et jolies chansons. Moi savoir jouer de

la vielle*, mais hier voleurs prendre ma vielle.
– Seriez-vous assez bon jongleur pour vous produire à la cour? demanda le Loup.
– Yes! Moi jongleur parfait, répondit Renard.
– Dans ce cas, je vais vous présenter au roi et je suis sûr qu'il vous engagera.
– Moi pouvoir divertir la cour. Si moi posséder une vielle, moi jouer bonne musique et faire danser tout le monde. Le king sera very content.
– Voilà ce que je propose, reprit le Loup. Je connais un paysan qui réunit souvent chez lui ses amis pour jouer de la vielle. Nous allons nous rendre chez lui pour

* Instrument à cordes, où une manivelle à roue remplace l'archet.

lui subtiliser son instrument.
– Moi d'accord! répondit Renard.

Et sans attendre, tous deux se mirent en route.

– N'avez-vous jamais rencontré, cher ami, une espèce de rouquin, traître et médisant, qui passe son temps à tromper tout le monde? demanda le Loup.

– No!

– On l'appelle Renard. Si je pouvais parvenir à l'attraper, il ne lui resterait pas longtemps à vivre.

Le Loup raconta longuement comment Renard s'était joué de lui à de nombreuses reprises, sans s'imaginer un instant que son compagnon de route était l'auteur de ses maux. Au français de l'un, répondait l'anglais de l'autre. Il faisait nuit lorsqu'ils arrivèrent à l'endroit où habitait le paysan possedant la vielle. Tous deux pénétrèrent dans le jardin sans rencontrer personne et se tapirent au pied d'un mur, attendant que le paysan soit couché.

Ils patientèrent longtemps. Lorsque tout fut calme dans la maison, le Loup regarda par une fenêtre qui n'était pas fermée. Il aperçut la vielle suspendue à un clou et le paysan qui dormait profondément à côté de sa femme. Au pied de leur lit se trouvait un chien, lui aussi endormi. Le Loup ne le vit pas car un coffre en bois le dissimulait.

– Frère, dit le Loup à Renard, attends-moi ici, je vais aller chercher la vielle.

– Et moi rester seul?

– Aurais-tu peur? interrogea le Loup.

– Moi jamais peur!

– Reste ici pendant que je vais chercher la vielle.

Le Loup monta alors sur le rebord de la fenêtre et sauta à l'intérieur. Il se dirigea vers le mur où était suspendue la vielle, la décrocha et revint la donner à son compagnon. Puis il décida d'inspecter les lieux pour voir s'il n'y avait rien d'autre à subtiliser. Renard passa la vielle à son cou en songeant qu'il était temps de jouer un mauvais tour au Loup. Il ferma la fenêtre et la bloqua de l'extérieur. Persuadé qu'elle s'était fermée toute seule, le Loup tira dessus pour l'ouvrir. Voyant qu'elle résistait, il fut pris de panique et se précipita contre les vitres. Le bruit réveilla le paysan qui se leva rapidement.

– Au voleur! cria-t-il. Au voleur!

Le Loup le mordit aux fesses,

pendant que le chien s'éveillait à son tour. Suivit une féroce bagarre au cours de laquelle les deux animaux s'entre-déchirèrent de leurs crocs acérés.

– A l'aide! hurla le paysan. Le diable se trouve dans ma maison.

De nombreux voisins accoururent, armés de haches et de gourdins. Le Loup fut longuement roué de coups et jeté dans une fosse à purin d'où il ne parvint à se sortir qu'avec grand mal. Il ne dut son salut qu'à la méprise des paysans qui l'avaient cru mort.

Durant ce temps, Renard avait tranquillement regagné son logis. Il décida d'apprendre à jouer de la vielle, persuadé qu'il pourrait un jour utiliser cet atout aux dépens de nouvelles victimes.

12. Renard et l'ours

TURQUIE

Renard s'associa un jour à l'Ours. Tous deux décidèrent de quitter la forêt où ils habitaient pour aller faire fortune ailleurs. Chemin faisant, Renard se souvint d'un vignoble où il décida d'emmener l'Ours.

– Je sais que tu es gourmand, dit-il à son associé. Aussi vais-je te montrer un endroit où tu pourras te gaver de raisin.
– Merci! C'est un plaisir pour moi de t'accompagner! s'exclama l'Ours.

Ils marchèrent longtemps avant d'arriver en vue du vignoble. Le raisin commençait à mûrir et les grappes étaient chargées de gros grains gorgés de jus sucré. L'Ours se pourlécha les babines en les apercevant.
– O merveille! grogna-t-il en se précipitant vers la vigne.

Sans attendre, les deux compères commencèrent à manger. Au bout d'un moment, Renard s'enfonça un grain de raisin dans chaque narine et se retourna vers l'Ours.
– Cher ami, j'en ai jusque-là! lui

dit-il en montrant son nez. Je suis rassasié. Aussi pouvons-nous repartir.

– Attends un peu! protesta l'Ours. J'ai encore faim!

Il continua à s'empiffrer et il eut bientôt le ventre gonflé comme une outre. Renard s'était assis sur une pierre et attendait en manifestant son impatience. L'Ours n'accepta de repartir que lorsqu'il fut rassasié.

Le vigneron avait posé plusieurs pièges sur le chemin qui traversait le vignoble. Ouvrant la marche, Renard venait de s'y engager, suivi de son associé qui marchait difficilement tant il avait mangé. Soudain, Renard aperçut un piège. Il l'évita et l'Ours faillit se faire prendre. Un peu plus loin, était caché un second piège. Renard sauta et passa sans encombre. Quant à l'Ours, il était si lourd que l'inévitable se produisit : il se retrouva prisonnier, une patte prise entre les mâchoires de fer du piège.

– A l'aide! hurla-t-il. J'ai la patte coincée dans un piège.

– Je ne puis rien pour toi, répliqua Renard. Je vois arriver le vigneron et je ne suis pas de taille à lutter contre lui.

Sur ce, Renard alla rapidement se cacher. Le vigneron s'arma d'un bâton et rossa longuement le malheureux Ours. Ce dernier finit par réussir à s'échapper et jura qu'on ne l'y reprendrait plus. Il rejoignit rapidement Renard et se plaignit de la correction qu'il venait de recevoir.

– Ami, lui reprocha-t-il, tu aurais pu me venir en aide.

– C'était impossible, répondit Renard. Je n'aurais rien pu faire contre le vigneron qui m'aurait rossé comme toi si je m'étais approché.

Ils repartirent ensemble et poursuivirent leur route. Au bout de quelques heures, ils arrivèrent dans une vaste plaine.

– Nous pourrions devenir paysans et cultiver cette terre qui s'étend à perte de vue, dit Renard.

– C'est une excellente idée, répondit l'Ours.

– Nous commencerons par semer du blé, déclara Renard, et lorsque viendra le temps de la moisson, nous partagerons.

– Très bien, dit l'Ours.

Ils semèrent donc. Le blé poussa et commença à mûrir.

– Cher ami, dit Renard à son associé, il va falloir songer à partager. Je prends un peu sur le dessus et toi tu peux prendre tout ce qui se trouve dessous.

– Oui! acquiesça l'Ours.

Renard prit les épis de blé et l'Ours se retrouva avec la paille. Il comprit alors qu'il s'était fait gruger.

– Renard, dit-il, tu m'as trompé!

– Puisque je t'ai trompé, répondit Renard, nous allons abandonner le blé pour cultiver des oignons. Lors du partage, nous inverserons les rôles et c'est moi qui serai trompé.

L'Ours accepta et des oignons furent plantés. Lorsqu'ils eurent poussé, Renard dit à son associé :

– Cette fois, prends le dessus! Moi, je prends les racines.

L'Ours prit les feuilles et Renard garda les racines.

– Renard, tu m'as encore roulé! grogna l'Ours en réalisant que les bulbes d'oignons lui avaient échappé. Refaisons le partage.

– Mais pourquoi? interrogea Renard. J'ai pris le dessus du blé, je t'ai laissé le dessous et tu n'as pas été content. Maintenant je prends le dessous, je te laisse le dessus et tu n'es toujours pas satisfait du partage.

Comme ils ne parvenaient pas à se mettre d'accord, l'affaire tourna rapidement au duel. Renard mit dans la patte de son associé un petit gourdin et il prit un long bâton. Ainsi armé, il put frapper l'Ours de loin, alors que de son côté ce dernier n'avait aucune possibilité de l'atteindre. Tout en poursuivant leur duel, les deux associés finirent par entrer dans une grotte.

– Echangeons nos armes, dit alors l'Ours qui espérait ainsi pouvoir rosser Renard.

– D'accord!

Renard prit le petit gourdin et l'Ours le long bâton. Mais la grotte était très basse et, dès que l'ours leva son bâton, il se coinça entre sol et plafond. Renard en profita pour le frapper aux tibias. Plié en deux par la douleur, l'Ours finit par se rendre.

– Renard, déclara-t-il, tu es vraiment trop rusé! Je ne parviendrai jamais à avoir le dessus avec toi. Le blé est à toi, les oignons aussi et je renonce à jamais à notre association.

13. Renard devient médecin

D'après le *Roman de Renart. FRANCE*

Le Lion était atteint d'une maladie qui durait depuis de longs mois. Il avait consulté tous les médecins de son royaume, fait venir de l'étranger les plus grands spécialistes, mais aucun n'était parvenu à le guérir.

A la cour, tout le monde se désolait, quand le Blaireau songea que Renard pourrait peut-être trouver un remède pour soulager le Lion. Il en parla donc au roi des animaux.

– Renard pourrait peut-être m'aider, répondit le Lion, mais il n'acceptera probablement pas de venir ici, car il a de sérieuses raisons de me craindre. Essaie néanmoins de le convoquer en ayant soin de préciser que je lui pardonne ses nombreux forfaits.

– Oui, Sire! dit le Blaireau qui envoya sans attendre un messager.

Renard fut surpris qu'on s'adressât à lui, mais il accepta la mission sans hésiter. « J'aurai ainsi l'occasion, pensa-t-il, de jouer un mauvais tour à mes ennemis. »

Il se mit en route, de bonne

heure, le lendemain matin. Vers midi, il pénétra dans un jardin où poussaient différentes variétés de plantes médicinales. Il en ramassa un certain nombre et les lava dans l'eau d'un petit ruisseau qui coulait non loin de là. Une fois égouttées, il les pila entre deux pierres et les mit dans plusieurs petites boîtes. Une de ces plantes, appelée Aliboron, avait la particularité, dans un premier temps, de réchauffer les malades qui l'absorbaient puis de chasser leur fièvre. Une autre guérissait le mal de ventre.

Après avoir terminé la préparation des remèdes, Renard reprit la route et arriva chez le roi à la nuit tombante, sans avoir pris le temps de manger. Il fut immédiatement entouré par une foule nombreuse. Beaucoup n'hésitèrent pas à le huer et à lui jeter de la boue.

Renard se contenta de leur répondre par une grimace et se dirigea rapidement vers la chambre où se reposait le Lion. Celui-ci était pâle et son teint cireux lui donnait mauvaise mine. Beaucoup de monde entourait son lit. Renard se fraya un passage parmi les gens et s'approcha du Lion qu'il salua poliment.

– Gloire au roi des animaux! dit-il en s'inclinant. Sire! je mets toute ma science à votre service pour vous guérir rapidement.

– Tu t'y entends pour tromper tout le monde, répliqua le Lion. Si tu ne parviens pas à me guérir, tu t'en repentiras.

– N'ayez aucune inquiétude, Sire! déclara Renard. Je connais mon métier.

– Je ne demande qu'à te croire, dit le Lion.

– Je vais faire de mon mieux pour ne pas vous mécontenter, ajouta Renard.

Sur ce, arriva le Chien.

– Sire! s'écria-t-il, j'apprends que Renard est devenu médecin. Cet ignoble imposteur veut causer votre mort. Mieux vaut le pendre avant qu'il ne tente de vous soigner.

– Le Chien ne sait pas ce qu'il dit, intervint Renard. Il radote ou il est fou, ou peut-être a-t-il tout simplement trop bu?

Le Chat, que Renard avait naguère poussé dans un piège, prit pourtant la parole contre le Chien, son ennemi héréditaire.

– Calomniateur! cria-t-il. Beaucoup de gens soignés par Renard m'ont parlé de ses talents de médecin.

– Sire! reprit Renard, nul n'ignore

que par le passé j'ai joué de mauvais tours au Chat. Aussi n'hésiterait-il pas à m'accabler si je mentais. Je dois souligner qu'il est honnête et que l'on peut se fier à sa parole.

– Taisez-vous! interrompit le Lion d'un ton las. Et toi, Renard, dépêche-toi de t'occuper de moi, car mes douleurs reprennent.

– Vous serez rapidement sur pied, Sire. Mais que l'on apporte un urinal!

Dès qu'on l'eut apporté, tout le monde se tourna et le Lion pissa dedans, le remplissant presque entièrement.

– Très bien! dit Renard en observant le contenu de l'urinal. Je vois une très forte fièvre que je dois d'abord supprimer si vous souhaitez guérir.

– C'est ce que je souhaite par-dessus tout! s'écria le Lion.

– Dans ce cas, faites fermer portes et fenêtres et ordonnez que l'on m'apporte tout ce que je demanderai. Je pourrai alors vous guérir, Sire.
– Que l'on obéisse à Renard! hurla le roi après avoir fait fermer toutes les issues.
– J'ai d'abord besoin de la peau du Loup, dit Renard.

A ces mots, le Loup se mit à trembler. Et il maudit Renard.
– Loup! lui dit le Lion, rends-moi service.
– Voici l'occasion pour le Loup, remarqua Renard, de prouver son allégeance au roi. Nous sommes au début de l'été : il ne souffrira donc pas du froid et sa peau repoussera vite.
– Pitié! supplia le Loup, ne m'arrachez pas la peau.
– Comment? rugit le Lion agacé.

Qu'on se saisisse de lui et qu'on l'écorche sans attendre!

Ainsi fut fait.

– Sire, poursuivit Renard, j'ai vu dans votre urine par quel moyen vous guérir. J'ai aussi besoin pour cela des deux bois du Cerf et d'une lanière taillée dans sa peau. Vous la porterez en ceinture et elle vous soulagera de bien des maux.

– Je l'espère vraiment, dit le Lion.

Avant qu'il ait soufflé le moindre mot, le Cerf fut assommé. On découpa la lanière, laissant sa chair à vif, et on brisa ses deux bois.

– Approche, dit alors Renard en s'adressant au Chien, le roi a besoin de ta peau pour y glisser ses pattes.

Le pauvre Chien protesta avec véhémence, mais rien n'y fit. Et il perdit lui aussi sa peau. Renard promena ensuite son regard sur l'assistance et constata que tout le monde tremblait d'inquiétude. Il garda le silence quelques instants, comme s'il réfléchissait avant de se décider.

– Bande de galeux! finit-il par crier. Lavez rapidement ces peaux, séchez-les et apportez-les-moi!

– Oui! répondirent-ils en s'activant.

– Sire, dit Renard en se tournant vers le Lion, je vais faire cesser votre fièvre. Mais vous devez pour cela souffrir quelque peu.

– J'accepte, dit le Lion avec lassitude.

Renard lui demanda de s'allonger sur le ventre et lui fit respirer l'Aliboron, une des plantes qu'il avait ramassées le matin même. Le Lion commença par avoir très chaud et se mit à transpirer. Puis il enfla. Il éternua à plusieurs reprises et finit par lâcher un gros pet.

– J'ai l'impression d'être gonflé, fit-il remarquer.

– Vous n'avez aucune inquiétude à avoir, Sire, déclara Renard. Vous serez bientôt guéri.

Et le Lion lâcha à nouveau plusieurs pets. Le remède faisait effet. Renard passa la ceinture en peau de Cerf autour du ventre du roi, lui entoura les pattes postérieures avec la peau du Chien et le couvrit avec celle du Loup. Quant aux bois du Cerf, il les fit brûler en déclarant que l'odeur dégagée aiderait le Lion à guérir complètement. Une heure plus tard, Renard donna un second remède au Lion et lui conseilla de dormir. Le lendemain matin, il était sur pied.

– Merci! Mille fois merci! s'exclama le Lion en embrassant Renard. Pour te récompenser de m'avoir guéri, je te donnerai tout ce que tu me demanderas. Et en attendant je te couvre de présents.

– Je me suis fait beaucoup d'ennemis en vous soignant, répondit Renard. Aussi souhaiterais-je disposer d'une escorte pour retourner chez moi, afin qu'il ne m'arrive rien de fâcheux.

– C'est d'accord, dit le Lion.

Renard put ainsi regagner son logis sans encombre, mais il dut longtemps rester sur ses gardes lorsqu'il sortait chasser, car ses ennemis cherchaient à se venger.

14. Renard et le bouc

La Fontaine. *FRANCE*

Capitaine Renard allait de compagnie
Avec son ami Bouc des plus haut encornés :
Celui-ci ne voyait pas plus loin que son nez;

L'autre était passé maître en fait de tromperie.
La soif les obligea de descendre en un puits :
Là chacun d'eux se désaltère.
Après qu'abondamment tous deux en eurent pris,
Le Renard dit au Bouc : « Que ferons-nous, compère?
Ce n'est pas tout de boire, il faut sortir d'ici.
Lève tes pieds en haut, et tes cornes aussi;
Mets-les contre le mur : le long de ton échine
Je grimperai premièrement;
Puis sur tes cornes m'élevant,
A l'aide de cette machine,
De ce lieu-ci je sortirai,
Après quoi je t'en tirerai. »
« Par ma barbe, dit l'autre, il est bon; et je loue
Les gens bien sensés comme toi.

Je n'aurais jamais, quant à moi,
Trouvé ce secret, je l'avoue. »
Le Renard sort du puits, laisse son compagnon,
Et vous lui fait un beau sermon
Pour l'exhorter à patience.
« Si le ciel t'eût, dit-il, donné par excellence
Autant de jugement que de barbe au menton,
Tu n'aurais pas, à la légère,
Descendu dans ce puits. Or adieu : j'en suis hors;
Tâche de t'en tirer, et fais tous tes efforts;
Car, pour moi, j'ai certaine affaire
Qui ne me permet pas d'arrêter en chemin. »

En toute chose il faut considérer la fin.

15. Renard et le chacal

MAGHREB

Renard battait la campagne à la recherche de nourriture, lorsqu'il arriva en vue d'un verger qui était entièrement clos. Le mur étant trop haut pour être franchi, il fit le tour du verger pour essayer de trouver une entrée. Il découvrit un trou. Malgré son étroitesse, il parvint à se glisser à l'intérieur et se gava de fruits.

Il en mangea tant que son ventre finit par être gonflé comme une outre. Repu, il décida de quitter le verger. Comme il n'y avait pas d'autre issue, il retourna au trou et tenta en vain de s'y glisser, car son ventre, devenu trop volumineux, l'empêchait de passer. Il était prisonnier. Mais Renard a plus d'un tour dans son sac. Aussi, sans inquiétude aucune, s'allongea-t-il sous un arbre. Il retroussa les babines et fit le mort.

Un moment après, le propriétaire du verger arriva. Il aperçut Renard et le crut mort.

– Maudit Renard! s'exclama-t-il. Tu as mangé tant de fruits que tu en es mort.

Il lui donna alors un coup de pied, l'attrapa par la queue et le jeta par-dessus le mur. Aussitôt, Renard se remit sur ses quatre pattes.

– A chaque situation correspond une ruse, cria-t-il à l'adresse de l'homme avant de prendre la fuite.

Le lendemain, Renard rencontra le Chacal.

– Ami, lui dit-il, j'ai acheté un verger et je t'invite à venir goûter les fruits merveilleux qui commencent à mûrir.

– Avec plaisir, répondit le Chacal.

Et sans attendre, tous deux se mirent en route. Arrivé au verger, Renard se glissa par le trou et le Chacal le suivit. Fort de son expérience, Renard mangea peu, tandis que son compère avalait un maximum de fruits.

Soudain, le propriétaire du verger se montra. Surpris, le Chacal se tourna vers Renard pour l'interroger.

– Qui est cet intrus qui cueille des fruits dans ton verger? demanda-t-il. Ne m'as-tu pas déclaré que les lieux t'appartenaient?

– Nous en reparlerons plus tard, rétorqua Renard. Pour l'instant: sauve qui peut!

Et Renard prit la fuite en repassant par le trou. Le Chacal voulut le suivre, mais il avait tant mangé qu'il était devenu trop gros pour passer. Une fois de l'autre côté du mur, Renard tenta de le conseiller.

– Il m'est arrivé la même aventure, lui cria-t-il. Je me suis alors allongé sur le sol et j'ai retroussé les babines. Me croyant mort, le paysan m'a jeté par-dessus le mur. Fais comme moi et tu seras bientôt libre.

N'ayant pas d'autre solution, le Chacal suivit les conseils de Renard. Il retroussa les babines et fit le mort. Mais le propriétaire du verger n'était pas si stupide. « Je ne me laisserai pas berner une seconde fois, se dit-il en saisissant un bâton. » Il s'approcha alors du Chacal et le rossa si fort que le malheureux en eut le poil tout hérissé.

16. Renard et le tambour

D'après le *Kalila oua Doumna* de l'auteur Abdallah ibn el-Moukafa. *MOYEN-ORIENT*

Renard venait de s'introduire dans un grand jardin où il espérait trouver de quoi calmer sa faim. Il inspectait les lieux du regard pour s'assurer qu'aucun danger ne le menaçait, lorsqu'il aperçut un énorme tambour suspendu à un arbre. Il s'approcha prudemment pour voir de quoi il s'agissait.

Soudain, le vent se mit à souffler. Les branches de l'arbre bougèrent et frappèrent le tambour qui résonna bruyamment. Surpris, Renard sursauta et recula. Puis il s'approcha à nouveau et observa longuement le tambour.

Il finit par s'imaginer que sa grosseur était en rapport avec la viande et la graisse qu'il devait contenir. Décidé à profiter de l'aubaine, il fit de son mieux pour atteindre le tambour. Il y parvint après maints efforts. Il le tourna dans tous les sens et réussit enfin à le décrocher de la branche. En tombant sur le sol, le tambour se creva. Renard réalisa alors que l'objet était creux.

« Les choses les plus viles, pensa-t-il, sont assurément celles dont le volume est le plus gros et qui font le plus de bruit. »

17. Renard et le raisin

D'après Ésope. *GRÈCE*

Renard, toujours affamé, rôdait aux abords d'un petit village. Il arriva bientôt devant une jolie maison sur les murs de laquelle grimpait une vigne splendide. Il en pendait de lourdes grappes aux grains bien mûrs.

Renard se lécha les babines en les apercevant. Il pénétra dans le jardin, s'approcha et tenta de goûter au raisin. Mais les grappes étaient trop hautes pour être atteintes. Il eut beau sauter, essayer de grimper, le raisin resta hors de portée.

Il renonça alors et passa son chemin, déclarant à qui voulait l'entendre : « Je n'ai rien perdu, puisque le raisin n'était pas encore mûr. »

18. Renard berné

D'après le *Roman de Renart. FRANCE*

Un matin, Renard, toujours prêt à jouer un mauvais tour, se dirigeait vers une ferme appartenant à un riche paysan qui s'appelait Terrien. Rien ne manquait dans cette ferme : les champs et les vergers produisaient quantités de céréales et de fruits variés, les granges étaient pleines, les étables regorgeaient d'animaux, et poules, coqs, canes, canards, oies et jars abondaient. Renard était sûr d'y trouver ce qu'il cherchait.

Arrivé aux abords de la ferme, il renifla quelques instants l'air frais du matin qui était chargé de mille informations, et son odorat développé le conduisit vers un jardin où la femme de Terrien élevait des poules. Clôturée par une haute palissade au pied de laquelle poussait de l'aubépine, la place sembla imprenable à Renard. Aussi en fit-il silencieusement le tour. Il finit par trouver un trou qui lui permit de s'introduire dans le jardin. Il se cacha sans attendre derrière un des gros choux qui poussaient près de la palissade. Mais les poules remarquèrent son arrivée et s'écartèrent en gloussant.

– Que se passe-t-il? interrogea le Coq en les entendant.

– Nous avons simplement eu peur, répondit la Poule qui pondait les plus gros œufs.

– Et pourquoi? demanda le Coq en se rengorgeant.

– Nous avons aperçu un animal sauvage qui risque de nous dévorer si nous ne prenons pas garde à lui.

– Inutile de vous inquiéter, dit le Coq, il est impossible de pénétrer ici.

– Mais je l'ai vu, reprit la Poule. J'en suis certaine.

– A quel endroit?

– Près de la palissade! J'ai vu bouger les choux.

– Cela suffit, déclara le Coq. Nul n'oserait s'aventurer dans ce jardin. Faites-moi confiance et n'ayez aucune crainte.

Et, plein d'assurance, il se percha sur un monticule de terre. Fatigué de chanter, il replia une de ses pattes et se mit à somnoler sans se douter de ce qui l'attendait. Puis il rêva. Sûr de ne pas manquer son coup, Renard s'approcha lentement. Dès qu'il fut assez proche, il se prépara à bondir sur sa proie. Mais le Coq ouvrit un œil et l'aperçut. Renard dut donc renoncer provisoirement à son projet.

– N'aie aucune crainte, dit-il au Coq. Je suis vraiment heureux de te voir, car il y a fort longtemps que nous ne nous sommes rencontrés.

Rassuré, le Coq poussa un joyeux cocorico.

– Te souviens-tu de la façon dont chantait ton père? interrogea Re-

nard. Nul n'a jamais pu l'égaler. Son chant portait à plus d'une lieue. Pour chanter, il gardait les yeux fermés et il ne perdait jamais son souffle.

– Renard, dit le Coq, chercherais-tu à me tromper?

– Pas du tout! et je préférerais perdre une patte plutôt qu'il t'arrive malheur. Mais chante donc comme ton père!

– Je ne te fais guère confiance. Ecarte-toi si tu souhaites m'entendre chanter.

– Chante! dit Renard en faisant quelques pas en arrière.

Le Coq entonna un refrain, prenant soin de garder un œil ouvert, car il se méfiait de Renard.

– Ton père chantait autrement, déclara Renard. Il gardait les deux yeux fermés. Cela lui permettait de chanter beaucoup plus fort et on l'entendait dans tous les environs.

Confiant, le Coq ferma les deux yeux et poursuivit sa mélodie. N'y tenant plus, Renard bondit, le saisit par le cou et s'enfuit. C'est alors que la brave fermière, qui se dirigeait vers la basse-cour pour distribuer son grain, aperçut Renard emportant le Coq. Elle se précipita pour s'interposer, mais Renard lui échappa.

– Au secours! hurla-t-elle. Au secours!

Son mari qui travaillait tout près accourut.

– Que se passe-t-il? demanda-t-il.

– Renard a emporté mon Coq.

– Vieille sotte! lui dit-il. Pourquoi ne l'as-tu pas attrapé?

– Ne parle pas ainsi, Terrien, répondit-elle. Je n'ai pas réussi à l'attraper.

– Et pourquoi?

– Il courait trop vite.
– Pourquoi ne l'as-tu pas frappé?
– Avec quoi?
– Avec le bâton qui se trouve près de toi, dit Terrien en haussant le ton.
– Je n'y ai pas pensé, et puis il a filé trop vite.
– Par où s'est-il enfui?
– Par là, indiqua-t-elle de la main.

Sans attendre, Terrien se précipita avec son chien à la poursuite de Renard. Mais le Coq n'était pas sauvé pour autant. Aussi ce dernier décida-t-il de trouver seul un moyen de s'échapper.

– N'entends-tu pas les injures de Terrien? dit-il à Renard. Qu'attends-tu pour lui lancer une de ces plaisanteries dont tu as le secret? S'il s'écrie encore : « Renard emporte notre Coq! » réponds-lui : « Malgré toi, gros lourdaud! » Il sera vraiment furieux.

Le plus rusé peut parfois se faire berner. Cette fois-là, ce fut le tour de Renard.

– C'est malgré toi, gros lourdaud, que j'emporte cette proie! cria Renard à l'adresse du paysan.

Le Coq, dès qu'il eut senti que Renard relâchait son étreinte et desserrait les dents, sauta sur le côté et battit des ailes avec tant de rage qu'il réussit à se percher sur un grand pommier. Il était sauvé!

– Que penses-tu de ce bas monde, Renard? ironisa le Coq.

– Tu ne perds rien pour attendre, répondit l'autre en frémissant de rage.

– Je ne crains rien, reprit le Coq en ricanant. Je me tiendrai dorénavant sur mes gardes. Je sais maintenant que nul ne peut te faire confiance. Mais dépêche-toi de prendre la fuite, traître que tu es!

car tu risques d'y laisser ta pelisse rousse.

Feignant d'ignorer les moqueries du Coq, Renard s'éloigna sans rien ajouter. Il traversa plusieurs champs en direction de la forêt, et se dirigea vers une petite source où il fit halte pour se désaltérer. Mais la faim le torturait, et il se lamenta d'avoir stupidement laissé échapper le Coq grâce auquel il aurait pu faire bombance.

19. Renard, l'ours et le paysan

D'après le *Roman de Renart. FRANCE*

Terroir était un paysan fortuné, mais cela ne l'empêchait pas d'être avare. Un matin, il avait attelé ses bœufs de bonne heure et s'apprêtait à labourer un champ situé à la lisière de la forêt. Le soleil venait à peine de se lever et il songea tristement qu'il s'était mis encore trop tard au travail. C'était un homme qui ignorait les bienfaits du repos, du temps qui passe et il ne lui était jamais arrivé de faire la grasse matinée.

Terroir possédait un attelage de huit bœufs, les meilleurs de la région, surtout celui qu'il avait baptisé Rougeaud. Mais il avait tant malmené ce dernier, en lui faisant tirer, dans des chemins défoncés, des charrois de fumier beaucoup trop lourds, que le pauvre animal était très affaibli. Le paysan, qui n'était guère tendre avec lui, le piquait souvent de l'aiguillon pour le faire accélérer.

– Tu es trop lent, Rougeaud! dit-il en s'emportant ce matin-là. Tu étais jusqu'ici le plus fort et voilà que le joug te pèse plus qu'aux sept autres, alors que le travail commence à peine. Il est vraiment trop tôt pour être déjà fatigué. Puisse l'Ours te dévorer avant la nuit! Tu me fais vraiment perdre mon temps à marcher si lentement. Je vais devoir acheter un autre bœuf pour te remplacer. Avance donc, paresseux! Je souhaite vraiment que l'Ours vienne t'écorcher : tu n'es plus bon à rien!

L'Ours, qui était tapi tout près dans les buissons, se réjouit en entendant de telles paroles. « Cette fois, se dit-il, la chance me sourit. Je puis compter sur une proie facile. Inutile de chasser aujourd'hui puisque le bœuf Rougeaud m'est offert tout entier. Je sens mon corps frémir de plaisir à l'idée de goûter à cette viande. Il faut maintenant faire savoir à Terroir que je souhaite prendre possession de son bœuf. S'il tente de s'y opposer, il aura affaire à moi et connaîtra les pires ennuis. Oui! je le frapperai de mes pattes musclées s'il refuse de me livrer Rougeaud. Mais je me monte la tête : pourquoi ce lourdaud refuserait-il, puisqu'il a souhaité me voir manger son bœuf? J'aurai Rougeaud, qu'il le veuille ou non! »

L'Ours se leva alors et quitta les buissons où il se cachait en poussant un grognement. Il ne craignait rien car Terroir n'était accompagné que d'un valet engagé pour la saison. L'Ours se dirigea vers le paysan et l'interpella.

– Terroir! lui dit-il, tes propos sont intéressants, puisqu'ils font de moi le propriétaire de Rougeaud. C'est bien ce que tu as voulu dire quand, dans ta colère, tu as souhaité que je le dévore. Tu peux difficilement

nier. Aussi vas-tu me le livrer sans attendre. Inutile de faire cette triste figure. Dépêche-toi! Un honnête homme n'a qu'une parole. Ne me regarde pas avec cet air sournois! Donne-moi Rougeaud. Je préférerais mourir plutôt que de ne pas l'emporter. Il n'a plus la force de tirer ta charrue, mieux vaut le manger. Si tu refuses, je t'assommerai et tu perdras alors tout ton attelage. Il est de ton intérêt que je n'emporte que Rougeaud qui ne vaut plus rien.

L'émotion fit pâlir le paysan. Il n'en revenait pas de se trouver ainsi pris à un tel piège, et il regretta d'avoir parlé à la légère. Il chercha à s'en tirer, tout en sachant que l'Ours était le plus fort. Mais il réalisa vite qu'il était inutile de se leurrer : l'animal aurait vite fait de les étrangler, lui, son valet et ses bœufs. Mieux valait perdre un bœuf que les huit. Aussi Terroir arrêta-t-il son attelage. Et ses réponses se firent plus humbles. Les larmes aux yeux, il déclara à l'Ours que sa journée serait perdue s'il détachait Rougeaud de si bonne heure, et que son travail n'avancerait guère, car la charrue était trop lourde à tirer pour sept bœufs. Il lui demanda donc d'attendre seulement jusqu'au lendemain.

– Je te remettrai Rougeaud demain matin, crois-moi! Je m'y engage en jurant sur la tête de mes deux enfants.

– Je ne t'accorde aucun délai, Terroir, répondit l'Ours. Ne me crois pas plus stupide que je ne suis : la fortune n'est jamais venue en dormant. Je ne puis attendre demain pour profiter de ce qui m'appartient. Je ne veux pas courir le risque de perdre ce qui me revient. Si j'acceptais ta proposition, je ne te reverrais plus car tu éviterais de te trouver sur mon chemin. Chat échaudé craint l'eau froide. J'ai connu un paysan qui n'a pas respecté sa parole et n'en a manifesté aucun regret. C'était l'année dernière durant les vendanges. Il avait pris Dieu et ses anges à témoin qu'il m'offrirait une partie de ses rayons de miel, si je lui rendais ses deux chiens que je m'apprêtais à dévorer. J'ai été assez sot pour le croire. Les gens se moquent de la parole donnée. Aussi ne ferai-je plus jamais confiance à personne. Ni à toi, ni à quiconque. Je crains trop de retrouver chez toi cette mauvaise foi qui habite tes semblables.

– Mon ami, reprit Terroir, il existe

toutes sortes de gens. Nombreux se montrent malhonnêtes et ne respectent guère leurs engagements. Mais l'on rencontre heureusement des gens honnêtes qui ne voudraient pour rien au monde devenir des parjures. Plaise à Dieu que je ne sois jamais l'un d'eux. Fais-moi confiance, laisse-moi Rougeaud sur parole jusqu'à demain seulement. Je jure sur la tête de ma femme et de mes enfants que je te le remettrai ici même demain matin.

– Finissons-en et garde donc Rougeaud jusqu'à demain, céda enfin l'Ours. N'oublie pas de lui donner foin et avoine durant la nuit. Je pensais le manger tout de suite, mais je l'apprécierai tout autant demain. Je vais donc aller chasser en attendant.

L'Ours prit alors congé et s'enfonça dans la forêt en quête de nourriture. Le paysan, à la fois inquiet et nerveux, négligea le manque à gagner et dételа ses bœufs malgré l'heure matinale. Ne parvenant pas à retrouver son calme, il s'approcha de Rougeaud et commença à se lamenter à haute voix.

– Mon pauvre Rougeaud, soupira-t-il, c'est par ma faute, par ma seule faute que je vais te perdre. Mes propres paroles sont à l'origine du triste destin qui t'attend. Je vais devoir te livrer aux pattes de cet Ours qui n'aura guère pitié de toi. Il te mangera demain et son déjeuner me coûtera cher. Où avais-je la tête ce matin pour parler ainsi à la légère? Ma femme va me reprocher une telle perte due à ma seule bêtise, et elle aura raison. Je ne comprends pas comment j'ai pu être aussi stupide. Le mauvais sort s'est abattu sur moi. Et comme un malheur n'arrive jamais seul, je crains que la malchance ne s'acharne sur moi. Parti de rien, j'ai amassé en dix ans une véritable fortune et suis devenu le plus riche paysan de la région. Mais aujourd'hui, j'ai peur d'être sur la mauvaise pente et de tout perdre.

Durant ce temps, Renard chassait. Il perçut soudain les aboiements d'une meute de chiens qui approchait. Il accéléra son allure et se réfugia au creux d'un arbre, non loin du champ où se trouvait Terroir. Il laissa passer les chiens tout en reprenant son souffle et somnola ensuite un moment. Puis il décida de repartir. C'est alors qu'il entendit Terroir se lamenter auprès de ses bœufs. Il sauta hors de son trou et s'approcha du paysan qu'il trouva en larmes.

– Dieu te garde, Terroir! lui dit-il. Mais que t'arrive-t-il pour pleurer ainsi?

– A quoi bon te répondre? Tu ne pourrais m'apporter aucune aide.

– Idiot, répliqua Renard. Tu sembles ignorer qui je suis. Si mauvaise soit ton affaire, sache que tu t'en sortiras vite pour peu que je te vienne en aide. J'ai souvent plaidé à la cour du Lion dans des conditions fort difficiles, et j'ai presque toujours transformé le tort en droit et le droit en tort. Nul n'est de taille à me résister. J'ai joué de mauvais tours à nombre de mes ennemis. J'ai convaincu le Loup de pêcher dans un étang où sa queue fut prise dans la glace. J'ai dupé deux marchands en faisant le mort

au milieu du chemin. Les naïfs me jetèrent à l'arrière de leur charrette où je me goinfrai de poissons. J'ai trompé et ridiculisé bien des gens, mais j'ai aussi souvent donné de bons conseils.

– J'ai entendu parler de toi, finit par déclarer Terroir. Tu as prouvé ton intelligence en parvenant à t'emparer du fromage du Corbeau. Tu es astucieux et fort rusé. Peut-être pourrais-tu m'aider?

– Oui, dit Renard. Mais auparavant, il faut me raconter tes ennuis.

– C'est très simple, reprit le paysan. Souvent le sage déraisonne. C'est ce qui m'est arrivé tôt ce matin. Comme la terre était dure à labourer et que j'étais furieux contre mon bœuf Rougeaud qui faiblissait en tirant la charrue, j'ai souhaité à haute voix que l'Ours le dévore. Malheureusement, celui-ci se trouvait dans les parages et m'a entendu. Il réclame donc son dû. J'ai réussi à obtenir un délai jusqu'à demain, mais il faudra bien me résoudre à livrer mon bœuf. C'est l'idée de perdre Rougeaud qui me rend si triste.

– Ne t'inquiète pas, dit Renard. Le sursis que tu as obtenu vaut son pesant d'or. Sache qu'à la peine succède la joie. Mon astuce et ma ruse feront de toi un homme heureux. Je peux t'indiquer le moyen de conserver ton bœuf et de réduire l'Ours à néant. Mais je crains qu'en échange de tels services tu ne me donnes qu'un très maigre salaire, car il n'y a pas plus ingrat et hypocrite que les paysans de la région.

– Je ne te refuserai rien si je parviens à garder Rougeaud, dit Ter-

roir. Tout ce qui m'appartient sera aussi à toi.
– Je n'accepte de m'occuper de cette affaire, déclara Renard, qu'à condition que tu me donnes ton coq.
– C'est promis, dit le paysan, et j'y ajouterai dix poussins bien gras.
– Très bien! s'exclama Renard. Je vais donc t'indiquer comment conserver ton bœuf Rougeaud. Voici mon plan qui est un des meilleurs que j'aie jamais mis sur pied. Demain matin, l'Ours viendra ici afin de prendre livraison de Rougeaud. Tu seras au rendez-vous, mais tu auras pris soin de cacher sous tes vêtements une hache bien affûtée et un couteau aussi tranchant que celui d'un boucher. Quant à moi, je me posterai non loin d'ici et guetterai. Dès que je verrai arriver l'Ours, j'imiterai

l'aboiement des chiens et sonnerai de la trompe. Surpris d'entendre pareil vacarme, l'Ours te demandera ce que cela signifie et tu lui répondras sans hésiter : « Ce sont des chasseurs accompagnés de chiens qui semblent décidés à faire un beau tableau de chasse. » Lorsque tu auras ainsi répondu, l'Ours te suppliera de l'aider à s'allonger au creux d'un sillon et à se couvrir de terre pour se cacher. Garde bien ta hache à portée de main. Laisse-le s'étendre complètement et frappe-le alors à la tête jusqu'à ce qu'il soit couronné de rouge. Ensuite, égorge-le et saigne-le : il n'en sera que meilleur à manger. La nuit tombée, tu l'emporteras chez toi en prenant soin de ne pas être vu, car si le comte venait à l'apprendre il te punirait sévèrement. La chair de l'Ours est délicieuse : tu pourras la mettre à saler. Quant à sa peau, tu en feras des courroies. Mais sois loyal et tiens ta promesse. De toute façon, tu as plus à gagner que moi dans cette affaire, puisque tu conserves ton bœuf et mets en réserve de la viande pour tout l'hiver.

Le plan de Renard satisfit le paysan.

– Renard, lui dit-il, je te comblerai de présents : tu auras autant de volailles que tu le souhaiteras.

Sur ce, le paysan prit congé et rentra chez lui, tandis que Renard regagnait la forêt. Le lendemain, Terroir se leva à l'aube et prépara sa hache et son couteau. Il appela son valet et tous deux conduisirent les bœufs jusqu'au champ. Tandis que Terroir se mettait au travail, l'Ours, ne se doutant de rien, approchait tranquillement.

– Dételle donc le bœuf, cria-t-il au paysan. Pourquoi l'avoir mis sous le joug? Aurais-tu oublié notre accord?

Terroir, qui était comédien, se mit à trembler et répondit la tête basse :

– Ne te mets pas en colère, je vais te livrer Rougeaud dès que j'aurai terminé de tracer mon sillon. Cela ne prendra que quelques minutes.

Renard, qui observait la scène, porta alors une trompe à sa gueule et se mit à sonner avec ardeur. Puis il imita le cri des chasseurs excitant leurs chiens et fit de son mieux pour aboyer. Tout ce vacarme inquiéta l'Ours, car un tel tohu-bohu ne pouvait être pour lui que de mauvais augure. L'Ours tendit l'oreille et se mit à trembler. Ne songeant plus à faire dételer le

bœuf, il s'adressa poliment au paysan.
– Terroir! explique-moi ce que signifie tout ce vacarme.
– J'ai entendu dire, répondit le paysan, que le comte organisait une chasse pour ses nombreux invités. Il s'agit probablement d'eux.

L'Ours était si effrayé qu'il se laissa tomber au sol.
– Je te laisse Rougeaud, déclara-t-il, et je promets dorénavant d'être ton ami. En échange, aide-moi à me cacher au creux d'un de tes sillons et couvre-moi de terre. Et surtout, je t'en conjure, n'indique à personne où je me trouve.
– C'est d'accord! dit le paysan.

Tout en contenant son envie de rire, Terroir commença à recouvrir l'Ours de terre. Au bout d'un moment, il lui conseilla de fermer les yeux.

– Tu risques, lui dit-il, d'avoir de sérieuses irritations si la moindre parcelle de terre pénètre dans tes yeux.

Confiant, l'Ours ferma les yeux. Aussitôt, Terroir saisit sa hache et le frappa à la tête. Il redoubla si bien ses coups qu'il finit par lui briser le crâne. Alors, sans plus attendre, il l'égorgea avec son couteau. Il dissimula ensuite le corps sous des branchages et rentra chez lui avec son attelage et son valet. Heureux, il raconta à sa femme tout ce qui s'était passé.

– L'Ours, ajouta-t-il, est étendu au creux d'un sillon. J'ai pris soin de le recouvrir de branchages, mais il va falloir trouver une solution pour le ramener jusqu'ici sans nous faire voir, car si le comte l'apprenait nous risquerions gros.

– Je pense, répondit la femme, que

nous devrions profiter de la nuit pour aller récupérer l'Ours. Le valet, toi et moi arriverons bien à le hisser sur une charrette.

– Ma chère, reprit Terroir, nous ferons ce que tu viens de proposer.

Le temps passa et vers minuit le paysan réveilla sa femme. Il alla ensuite appeler son valet.

– Attelle, lui dit-il, deux chevaux à la grande charrette.

Puis tous trois se mirent en route sans faire de bruit. Terroir fit marcher ses chevaux au pas. La charrette ne grinça pas, car il avait pris soin de graisser ses roues. Dès qu'ils furent suffisamment éloignés du village, le paysan fouetta les chevaux et leur fit prendre le trot. En suivant la vallée, ils arrivèrent rapidement à l'endroit où se trouvait l'Ours. Ils le hissèrent, non sans peine, sur la charrette et prirent le chemin du retour. A peine rentré, Terroir dépeça l'animal et sa femme lava à grande eau chaque morceau de viande qu'elle mit dans le saloir. Le paysan demanda alors à son valet de ne parler à personne de ce qui s'était passé.

– Ne craignez rien, maître, répondit celui-ci, je sais tenir ma langue et je ne vous ferai aucun tort.

Le jour commençait à poindre lorsque Renard se mit en route, comptant bien se régaler en dégustant le coq que Terroir lui avait promis. Il ne tarda pas à arriver chez le paysan qui, sans même avoir pris le temps de dormir, se trouvait déjà au travail. Il réparait la clôture de son jardin. Renard s'approcha, persuadé qu'il tiendrait parole. Mais dès qu'il l'aperçut, Terroir interrompit son travail et se dirigea vers sa maison en maugréant :

– Il lui faudra beaucoup de temps pour obtenir ce que je lui ai promis. Il a trompé beaucoup de monde : il est donc juste qu'à son tour le trompeur soit trompé.

Et le paysan rentra chez lui où il trouva sa femme filant la quenouille.

– Il est bien tôt pour cesser le travail! s'exclama-t-elle en l'apercevant.

– Calme-toi, ma chère, répondit-il. Je n'ai pas l'habitude de me reposer le matin. Tu le sais bien! Je veux simplement te demander conseil pour tromper Renard qui vient d'arriver. Invente une ruse pour que je puisse me débarrasser de cet intrus qui espère bien manger notre coq.

– C'est simple! déclara la femme.

Je vais dire au valet d'enfermer nos trois chiens dans la grange et de leur donner du pain pour qu'ils n'aboient pas, car ils risqueraient d'effrayer Renard. Laisse ce dernier approcher. Dès qu'il sera tout près, le valet lâchera les chiens. Ils auront vite fait d'attraper Renard et nous tirerons un bon prix de sa peau. En attendant, retourne à ta clôture et, si Renard te demande de lui remettre le coq, réponds-lui : « Le coq est vieux et coriace. Un jour et une nuit seraient insuffisants pour le faire cuire. Mieux vaut te rabattre sur les poussins que je te réserve. Mais il faudra patienter une quinzaine de jours pour qu'ils aient le temps d'engraisser. Tu n'y perdras rien, car le coq est vraiment immangeable. » Voilà comment tromper Renard. Pendant que tu lui parleras ainsi, nos trois chiens se précipiteront sur lui pour le mordre. Et il ne s'invitera plus jamais à déjeuner chez nous.

– Tu es toujours de bon conseil, dit Terroir. Je vais faire semblant de m'occuper de la clôture. Que le valet retienne les chiens dans la grange, comme tu l'as suggéré, et qu'il attende mon signal pour les libérer.

Terroir retourna alors vers la clôture. Renard, qui était affamé, s'approcha sans tarder.

– Bonjour, Terroir, lui dit-il, je viens chercher le coq que tu m'as promis. Je l'ai bien mérité, puisque grâce à moi tu as pu sauver ton bœuf et t'emparer de l'Ours.

– Il faut que tu saches, répondit le paysan, que mon coq est très vieux et que tu te casserais les dents en essayant de le croquer. Aussi te conseillerai-je plutôt les poussins que j'engraisse actuellement. Malheureusement, ils sont encore petits et tu devras attendre une quinzaine de jours si tu veux te régaler.

La réponse du paysan déplut à Renard.

– Tu n'es qu'un sot, Terroir! lui dit-il. Tu crois t'en tirer avec de belles paroles et conserver ton coq, mais je ne suis pas dupe. Tu n'es qu'un menteur, un rustre qui tente de m'abuser. Tu te repentiras de ne pas avoir tenu ta promesse. Je te ferai punir. Cochon de paysan, je vais te causer un maximum de tort puisque tu m'as trompé.

Terroir, qui comptait sur l'intervention de ses trois chiens, éclata de rire.

– Il y a loin de la parole à l'exploit, Renard! lança-t-il. Tes menaces ne me font pas peur. J'en ai entendu bien d'autres. Fais de ton mieux pour me nuire. Mais prends garde, car je suis, moi aussi, capable de te faire du mal. Je vais d'ailleurs te le prouver sans attendre. Valet! lâche donc les trois chiens.

Le valet obéit aussitôt. Les chiens bondirent et se lancèrent à la poursuite de Renard qui avait pris la fuite, car il savait que ceux-ci ne le ménageraient pas. Renard courut aussi vite qu'il put, mais les chiens étaient plus rapides. Ils finirent par le rattraper, le mordirent cruellement et lui déchirèrent la peau du dos. Il réussit néanmoins à leur échapper.

Rentré chez lui, Renard raconta sa mésaventure à sa femme, tandis qu'elle pansait ses blessures.

– Calme-toi, lui dit-elle. Tes blessures ne sont pas trop graves. Tu

pourras bientôt te venger. Si tu t'en donnes la peine, tu parviendras aisément à ruiner Terroir. Tu pourrais prendre sa charrue, l'emporter dans la forêt et la détruire. Cette idée devrait te réjouir.
– Ma chère femme, dit Renard, je vais trouver mille ruses afin de me venger.

Renard passa une semaine à se reposer et à se soigner. Puis, revigoré, il partit un matin, bien décidé à créer des ennuis à Terroir. Ce dernier s'apprêtant à atteler ses bœufs, Renard lui subtilisa ses courroies d'attelage sans se faire remarquer. Le paysan, après les avoir cherchées un long moment, dut se rendre à l'évidence : quelqu'un les lui avait volées. Furieux à l'idée de perdre son temps, il jura à plusieurs reprises, puis il pensa au défi que lui avait lancé Renard.

– C'est probablement lui qui a subtilisé mes courroies d'attelage! s'exclama-t-il. Maudit rouquin! Il veut ma ruine et s'en prend à mes outils de travail.

Terroir retourna alors chez lui pour chercher d'autres courroies. Son Ane, l'entendant se lamenter, s'approcha pour le conseiller.

– Renard t'en veut, lui dit-il, et il est décidé à te faire beaucoup de mal. Je peux t'aider à l'en empêcher, à condition que tu me promettes une mesure d'orge.

– D'accord! répondit le paysan. Je te donnerai aussi des chardons bien tendres. Mais comment réduire à néant ce voleur? Il trompe les hommes comme les animaux. Si je savais où trouver quelqu'un d'assez fort pour le neutraliser, je n'hésiterais pas à traverser la mer pour aller le chercher. Il faut se rendre à l'évidence : nul n'est aussi rusé que Renard.

– A malin, malin et demi, dit l'Ane. Renard n'est pas invincible. Je crois pouvoir te le livrer ainsi que sa femme.

– Et comment pourrais-tu y parvenir? interrogea Terroir avec intérêt.

– Je vais m'allonger devant leur demeure et faire le mort. Dès qu'ils m'apercevront, ils s'attacheront à moi avec tes courroies pour me traîner chez eux. Je me lèverai alors et te les ramènerai.

– Bravo! s'écria le paysan. Je te donnerai alors l'orge que je t'ai promise.

Sans attendre, l'Ane gagna la forêt et alla se coucher devant la porte de Renard. Dame Renarde l'aperçut la première.

– Renard! cria-t-elle, la chance

nous sourit. Nous possédons de la viande pour tout l'hiver : un gros âne mort se trouve devant notre porte. Passe-moi les courroies de Terroir. Je vais m'attacher à lui pour le traîner à l'intérieur.

– Idiote! dit Renard. Il s'agit probablement d'un piège. Commence d'abord par mordre les flancs et la tête de l'Ane. S'il ne réagit pas, ce sera la preuve qu'il est vraiment mort et tu pourras alors le mettre à l'abri.

Dame Renarde s'avança vers l'Ane et le mordit plusieurs fois. Mais celui-ci était dur à la souffrance et il ne bougea pas.

– Il est vraiment mort! s'exclama-t-elle. Tes craintes étaient inutiles. Passe-moi donc les courroies et aide-moi à le traîner.

Tandis que sa femme commençait à s'attacher à une des pattes arrière de l'Ane, Renard hésitait encore à l'imiter, car il craignait toujours un piège. Soudain, l'Ane entrouvrit légèrement un œil et Renard s'en aperçut.

– Ma pauvre! hurla-t-il, te voilà prise au piège. L'Ane s'est joué de nous en faisant le mort.

– Que dis-tu là, Renard?

– Je l'ai vu ouvrir un œil!

– C'est impossible, puisqu'il est mort, reprit-elle.

– Il a ouvert un œil, te dis-je.

– Ta peur te fait rêver. J'ignorais que tu étais aussi couard, Renard.

– Je suis au contraire très courageux, répondit-il. Mais crois-moi, l'Ane n'est pas mort.

– Pourquoi mens-tu aussi effrontément?

Dame Renarde se moqua des avertissements de Renard. Dès qu'elle eut terminé de s'attacher solidement à l'Ane, celui-ci se releva brusquement et partit au galop, l'entraînant derrière lui.

– Tu n'as pas voulu me croire, malheureuse! hurla Renard. Te voilà prisonnière de ce baudet et je ne puis rien pour toi. Tu vas tomber entre les mains de Terroir et je ne te reverrai jamais. Je n'ai plus qu'à te dire adieu!

L'Ane regagna rapidement la maison de Terroir qui manifesta bruyamment sa joie en l'apercevant. Il alla chercher un sabre et s'approcha de la femme de Renard afin de se venger. Mais il était maladroit et, en tentant d'atteindre dame Renarde qui s'esquivait sans cesse, il finit par trancher la patte de son Ane. La femme de Renard en profita pour prendre la fuite. Elle regagna rapidement son logis en traînant derrière elle la patte de l'Ane. Elle retrouva Renard qui éclata de joie en l'apercevant.

– Je m'en suis bien tirée, lui déclara-t-elle. Terroir a tenté de me tuer, mais il a raté son coup et l'Ane est à jamais mutilé.

– Tu l'as échappé belle! s'exclama Renard. C'est un dénouement vraiment imprévu. Mais Terroir ne perd rien pour attendre. Je me vengerai dès que l'occasion se présentera.

– Pourquoi attendre? Le courage te manquerait-il?

– Idiote! dit Renard, je ne peux aller l'attaquer chez lui. Que ferais-je contre ses trois chiens? Je préfère attendre afin de le surprendre seul. Je parviendrai à l'obliger à cesser de nous importuner.

– C'est mon souhait le plus vif, dit-elle.

Dès le lendemain, Renard commença à épier Terroir. Au bout de quelques jours, il le surprit seul sur un chemin forestier et put enfin l'aborder.

– De quel droit t'es-tu permis de mettre au saloir du gibier pris dans la réserve du comte? interrogea Renard avec arrogance. Je te ferai pendre en te dénonçant. Tu sais que le comte est impitoyable avec les braconniers.

– De quoi veux-tu parler? dit le paysan d'un ton faussement surpris.

– Je parle de l'Ours qui est dans ton saloir, répondit Renard.

– Il y a moyen de s'entendre, dit alors poliment le paysan. Je me suis mal conduit avec toi et te présente mes excuses. Dorénavant, tu n'auras plus à te plaindre de moi et je mets tout ce que je possède à ta disposition.

– J'accepte, dit Renard avec satisfaction. Tu vas commencer par tuer tes trois chiens, et tu me remettras ensuite le coq et les dix poussins bien gras que tu m'avais promis.
– C'est d'accord, reprit Terroir. Je veux être ton ami. Tu seras mon invité chaque fois que tu le souhaiteras et je te servirai les mets que tu préfères. Désormais tout ce qui m'appartient est aussi à toi.
– J'aurai l'occasion de voir si tu mens, dit Renard. Gare à toi si tu tentes de me tromper! Mais ne perdons pas de temps! Retourne chez toi, supprime tes trois chiens, et rapporte-moi rapidement les volailles.
– Très bien, dit le paysan.

Il courut jusqu'à chez lui et prévint sa femme pendant que Renard l'attendait.

– Si nous tenons à la vie, déclara la femme de Terroir, nous devons sacrifier une partie de nos biens.

– Ma chère, tu parles avec sagesse, répondit le paysan.

– Prends donc le coq et les poussins, et emmène aussi les chiens, ajouta-t-elle en contenant sa colère.

Terroir appela son valet et tous deux prirent la direction de la forêt avec chiens et volailles. Renard se dirigeait à la rencontre de Terroir lorsqu'il les aperçut de loin.

– Ne vous approchez pas plus avec les chiens, hurla-t-il. Tuez-les sans attendre!

Terroir portait une lourde masse avec laquelle il les assomma. Renard reprit alors confiance.

– Puisque tu as supprimé tes chiens, dit-il au paysan, je te pardonne le mal que tu m'as fait et j'accepte ton amitié.

– Merci, dit Terroir.

Renard prit ensuite livraison des volailles. Il avala le coq sans prendre la peine de le plumer, tant il était affamé, puis il chargea sur son dos les dix poussins. Il les emporta chez lui où il les partagea avec sa femme.

– Terroir serait-il devenu généreux? interrogea-t-elle avec ironie.

– Il lui est difficile de faire autrement, répondit Renard, car si je le dénonce, le comte le pendra pour avoir volé du gibier.

Le lendemain matin, Renard se rendit chez Terroir qui lui réserva le meilleur accueil et lui offrit une belle oie bien grasse pour son petit déjeuner. Malgré sa colère, la femme du paysan fit bon visage à Renard et alla jusqu'à le complimenter, tant elle craignait qu'il ne les dénonçât au comte. De son côté, Renard lui fit des grimaces sans qu'elle s'en rendît compte.

Terroir et Renard vécurent dès lors en bonne intelligence. Renard disposait d'une réserve inépuisable de nourriture, mais il savait ne pas abuser de la compréhension du paysan. Et il ne s'invitait à déjeuner chez lui que lorsqu'il était rentré bredouille de la chasse plusieurs jours de suite.

Table des matières

Cet
ouvrage,
le cinquante-
neuvième
de la collection
CASTOR POCHE,
a été achevé d'imprimer
sur les presses de l'imprimerie
Maury Eurolivres SA
45300 Manchecourt
en juin
1992

Dépôt légal : mars 1983.
N° d'Édition : 16995. Imprimé en France.
ISBN : 2-08-161767-6
ISSN : 1147-3533
Loi n° 49-956 du 16 juillet 1949
sur les publications destinées à la jeunesse

CASTOR POCHE 59